문학사랑 시인선 074

그리움의 크기

이성남 시집

오늘의문학사

그리움의 크기

| 서시 |

그리움의 크기

당신에 대한 그리움과 보고픔이
얼마큼이냐고 물으면
땅에서 하늘까지라 대답하겠습니다.

땅에는 내가 있고
하늘에는 당신이 있습니다.

그리움이 슬픔보다 더 솟아오르면
그 목소리
웃는 얼굴 따라 하염없이 걷지요.

고마운 사람이여
사랑한 당신이여
나도 그 길을 가고 싶습니다.

눈물로 범벅이 된 나를 보고 있나요?

| 권두 평설 |

애상적 정서의 오롯한 형상화
― 이성남 시인의 1시집 작품 감상 ―

문학평론가 리 헌 석
(사단법인 문학사랑협의회 이사장)

1.

　이성남 시인의 작품을 감상할 기회가 2019년에 주어졌습니다. 부군(夫君)의 별세, 그리고 그에 의한 슬픔이 채 아물지 않은 시기였는데, 가족 문집과 함께 여러 편의 작품을 보여주었습니다. 그 작품들을 정독하면서 시인의 비통한 정서를 공유한 바 있습니다.
　서정시의 중심 재재는 주로 사랑입니다. 벅차오르는 행복, 아련한 그리움, 이별의 아픔, 이외에도 여러 갈래의 사랑이 미적 구조를 생성합니다. 내면의 상황에 따라 사랑의 빛깔은 달라지게 마련인데, 이성남 시인은 50여 년 동고동락한 후 겪은 상부(喪夫)의 정서적 충격이 애상적 작품을 빚게 합니다.

　　　　얼마나 더 울어야
　　　　당신을 잊을 수 있나요?

　　　　얼마나 더 울어야
　　　　나무에 매달려 우는 매미 울음이

팔베개 자장가로 들릴까요?

얼마나 더 울어야
당신을 향한 그리움이 흐려질까요?

오랜 세월을 함께 나누던 당신을
오늘은 꼭 보고 싶습니다.

50여 년간 숱한 정을 남기고
조용히 떠나신 당신

정말 그립습니다.
빗방울에 젖는 나뭇잎을 보며
눈물 훔치는 나를 보고 있나요?
― 「보고 있나요?」 전문

사별에 의한 그리움의 정서가 승화된 작품입니다. 이 작품은 참을 수 없을 만큼 슬프고 괴롭지만, 이와 같은 주정적(主情的) 감상을 극복하고, 시의 품격을 높이게 하는 마력을 보입니다.

넘치는 슬픔의 홍수를 직설적 언어로 토해내는 것이 아니라, 〈얼마나 더 울어야/ 나무에 매달려 우는 매미 울음이/ 팔베개 자장가로 들릴까요?〉라고 비유적으로 형상화하고 있습니다. 정서적 공감대를 형성하고 있는 그의 울음과 매미 울음의 이미지는 동질성을 확보합니다. 또한 〈정말 그립습니다./ 빗방울에 젖는 나뭇잎을 보며/ 눈물 훔치는 나를 보고 있나요?〉에서 '빗방울에 젖은 나뭇잎'과 '눈물 젖은 시인' 역시 동질적 정서를 형상화하고 있어, 혜량할 수 없는 감동을 생성하고 있습니다.

2.
　이성남 시인의 기품 있는 슬픔을 공유하면서, 이러한 창작 수준은 산수(傘壽, 80세)에 이르러 갑작스럽게 형성된 것이 아니라, 오래 전부터 〈특별한 일이 있을 때 일기를 쓴 것〉처럼, 간헐적으로 시를 창작한 경험이 창작의 바탕임을 확인할 수 있습니다.
　그는 60년 전, 20대 초반의 풋풋한 청년기부터 시를 빚어 왔습니다. 집중적인 다작(多作)은 아니지만, 쉬지 않고 〈특별한 일이 있을 때〉 시를 빚어왔습니다. 1958년의 「친구의 사랑」 「첫눈」, 1960년의 「하소연」 「소녀 적에는」 「보고픔」 「스님」 「할미꽃은」 「고독」, 1963년의 「네 잎 클로버」 「견진성사」, 1965년의 「주머니꽃」 등은 그가 20대에 지은 시들입니다. 이 시기 이후에는 초등학교 교사로 근무하면서 자녀를 양육하다보니, 작품 창작이 줄어들었지만, 그래도 기억할 가치가 있는 작품들이 속속 창작됩니다.

> 어둠을 뚫고 달리는 새벽열차,
> 도시에서 시골로 공무를 옮긴 날
> 학교 가는 길
>
> 기차 타고,

걷고,
통통배 타고 강 건너
기다리면 오는 버스에
오들오들 떨며갔다.

낯선 땅 귀양 온 사람처럼
임금님 사면 첩지를 기다리는 마음

이웃집 서툰 피아노 소리
떼어 놓은 아이들이 선율을 탄다.

절대적 가치가 아니라던 돈
생활인인 나에겐 이율배반.
― 「시외 전근」 전문

  1983년에 시인은 대전에서 시골로 임지(任地) 발령이 난 것 같습니다. 이 시기에는 생활 주거지인 대도시를 선호하는 교사 혹은 공무원들 때문에, 공평하게 근무하도록 하자는 취지에서, 대도시 근무 몇 년이라는 임기를 정한 후, 그 기일이 지나면 '순환 근무'를 위하여 시골학교로 전근하던 때입니다.
  시골학교로 전근한 그는 새벽열차를 타고, 역에서 좀 걸어서 나루에 이르고, 다시 통통배를 타고 강을 건넌 후, 또 버스를 타고 학교에 부임한 것 같습니다. 이와 같은 생활이 최소 몇 년은 지속되어야 했을 터이지만, 그는 부정적 시각을 작품에 담아내지 않습니다. 다만 〈이

윗집 서툰 피아노 소리〉를 들으며, 근무 때문에 〈떼어 놓은〉 자녀들이 생각났을 터입니다. 헤어날 수 없는 감상에 젖을 수도 있지만, 시인은 〈떼어 놓은 아이들이 선율을 탄다.〉라고 표현하여 우려를 불식합니다. 이러한 형상화는 이성남 시인만의 놀라운 예술적 감수성에 의한 결과로 보입니다.

3.
  이성남 시인은 근무지에 따른 어려움 속에서도 작품 창작을 완전히 놓은 것은 아니었습니다. 1972년에 쓴 「가뭄」의 일부에서 그는 〈논바닥에 내 마음처럼/ 하얗게 금이 갔네요.// 양수기 펌프도/ 어쩔 수 없다네요.// 한 여인은/ 그만 눈물이 고였네요.〉라는 안타까운 정서를 시에 담습니다. 사람의 간절한 소망도 자연의 힘을 꺾지 못합니다. 그들은 잘 살기 위해 '외로운 투쟁'을 벌입니다. 이렇듯이 농부들과 동병상련(同病相憐)하는 자세를 보입니다.
  이어 1982년의 「나의 수업」, 1983년의 「시외 전근」 「끝내 못 볼까」 「옛 친구」, 1986년의 「그리움」, 1988년의 「제24회 서울올림픽」, 1997년의 「가을 산에서」, 2001년의 「비」 「친구의 생일」 「행복」, 2002년의 「나무」 등을 간헐적으로 창작하면서 위안을 삼습니다.

      나는 죽어서 나무가 되리라.
      바람이 찾아오면 바람과 깔깔거리고

      하얀 눈 소복소복 꽃 피는 날엔

행복하게 포근히 안기리라.

해가 바뀌고 또 바뀔 때마다
초록빛 고운 옷으로 갈아입고
오가는 사람들과 웃음 나누리라.

나는 내내 초록빛이어라.
울긋불긋 차려입은 친구들과 어울려
더 아름다우리라.

나와 눈 마주치는 이들
나를 보는 이들
행복에 젖어들게 하리라.

― 「나무」 전문

  2002년에 창작한 「나무」는 그의 내면을 진솔하게 보여주는 작품입니다. 고희(古稀, 70세)를 넘긴 분답지 않게 싱그러운 정서를 발현하고 있습니다. 그는 〈죽어서 나무가 되리라.〉 염원하는 시심을 보이고 있습니다. 해가 바뀔 때마다 여름의 초록빛으로 웃음을 나누고 싶어 합니다. 그리하여 〈나는 내내 초록빛이어라./ 울긋불긋 차려입은 친구들과 어울려/ 더 아름다우리라.〉 싱그럽고 아름다운 정서를 환기(喚起)합니다.

  그의 시적 원형질은 이처럼 싱그럽고 정갈하며, 아름다움을 추구하는 것입니다. 그러나 부군의 별세는 그의 내면에 슬픔의 폭우(暴

雨)를 쏟아 부었고, 이후 넘치는 슬픔과 절절한 그리움을 작품에 담아냅니다. 이러한 정서를 시로 빚은 작품이 100편 가까이 되는 것으로 보아, 그의 비통한 정서를 가늠할 수 있습니다. 그러면서도 삶과 작품에서 품위를 지키려는 자세는 찬탄하지 않을 수 없습니다.

4.
이성남 시인은 산수(傘壽)를 지나, 2019년 『문학사랑』 가을호의 신인작품상에 당선되어 시인으로 등단합니다. 그 이전부터 상부(喪夫)로 인해 사무치는 사랑과 그리움을 노래하였는데, 등단 이후 내면에서 분출되는 정서를 작품화하여 다작(多作) 경향을 보입니다.

그리하여 이성남 시인은 2014년의 「다시 가을」 「성모님」, 2016년의 「내 이름」, 2017년의 「꽃들은 좋겠다」 「그때는 몰랐습니다 1」 「그때는 몰랐습니다 2」 「보고 있나요?」 「견우직녀처럼」 「어머니를 그리며」 「내일은 당신 생일」 「어제는 내 생일」, 2018년의 「친구여 물어봐 주오」 등의 작품을 빚습니다. 그러나 대부분의 작품은 2019년 등단 이후에 빚어진 작품입니다. 이때 빚은 작품은 자연과 일상의 제재들에서도 애절한 정서가 자연스럽게 배어있다는 특성을 지닙니다.

> 당신에 대한 그리움과 보고픔이
> 얼마큼이냐고 물으면
> 땅에서 하늘까지라 대답하겠습니다.

땅에는 내가 있고
하늘에는 당신이 있습니다.

그리움이 슬픔보다 더 솟아오르면
그 목소리
웃는 얼굴 따라 하염없이 걷지요.

고마운 사람이여
사랑한 당신이여
나도 그 길을 가고 싶습니다.

눈물로 범벅이 된 나를 보고 있나요?
― 「그리움의 크기」 전문

 '서시'로 수록된 이 작품은 시집의 제목이기도 합니다. 그의 내면과 문학적 지향을 내포하고 있는 작품으로서, '슬프나 겉으로 슬픔을 드러내지 않는다.'는 애이불비(哀而不悲)의 격조를 유지하고 있습니다. 2014년에 쓴 작품들은 시인의 일상적 정서를 드러내는데 반하여, 2017년부터 쓴 작품들에서는 상실의 정서가 농후한 것으로 보아, 그에게 있어서는 이 시기가 정서적 분기점으로 추정됩니다.
 2017년 4월에 쓴 「꽃들은 좋겠다」에서 '지난 해 아름답더니/ 올해도 그리 고우니/ 꽃들은 좋겠다.'고 말합니다. '작년에 반기던 이가, 올해도 그래주니/ 꽃들은 좋겠다.'고 반복합니다. 꽃들은 '정든 이도 없고/ 이별도 없으니' 좋겠다고 맺습니다. 물론 세 연이 모두 3행인 작품에서 각 연마다 '꽃들은 좋겠다.'를 1행에 배치한 도치법으로 자신의 정서를 강조하고 있습니다. 이 작품처럼 대부분의 작품에 애상적 정서가 일관(一貫)하고 있습니다.

5.

　이성남 시인은 〈오늘이 돌아올 수 없는 길을 가듯/ 당신은 그렇게 가족을 뒤로 했지요.〉라고 부군의 별세를 수용합니다. 그러면서도 〈휴대폰을 열어본다./ 문자가 왔나?/ 좀 있으면 벨이 울릴까?〉 부군의 전화를 마냥 기다립니다. 이와 함께 〈달님! 달님! 보름달님!/ 애달픈 소리 들리십니까?〉 애절한 소망을 기원합니다.
　그는 자연에게 그리움의 정서를 전이(轉移)하여 작품성을 배가(倍加)합니다. 〈어제는 눈이 내렸습니다./ 조용히, 조용히 온종일/ 제법 쌓였습니다./ 그 위에/ 그리운 눈물이 얹혔습니다.〉라고 고백합니다. 이는 고려시대 정지상 시인이 지은 「송인(送人)」의 정서와 오버랩(overlap)이 됩니다. 삼국시대 이후 한시(漢詩) 역사에서 가장 뛰어난 이별시이며, 천하절창으로 불리는 〈별루연연첨록파(別淚年年添綠波), 해마다 푸른 물결에 이별의 눈물을 더하네〉라고 한 정지상의 결구(結句)와 〈그 위에/ 그리운 눈물이 얹혔습니다.〉는 동질적 발상입니다.
　이렇게 눈물과 그리움으로 세월을 보내며, 거의 절대고독에 이릅니다.

　　　　다녀오겠습니다.

다녀왔습니다.

듣는 사람도
대답도 없다.

홀로 사는 사람의
외로운 그림자.
- 「외로운 대화」 전문

  그는 「당신 없는 당신 생일」에서 〈보고 싶다면 오기나 하나요?/ 서러워 눈물지면 닦아주나요?/ 그리워 한숨지면 꿈에서나 오나요?〉 설의법으로 내면을 투영합니다. 물론 그 질문의 바탕에는 '오지 않는다.' '닦아주지 않는다.' '꿈에서도 오지 않는다.' 라는 내면을 에둘러 표현하는 어법입니다.
  이성남 시인의 이러한 내면은 자녀와 손녀들에게 당부하는 작품으로 전이됩니다. 그에게 손녀들은 〈아까울 게 없지./ 가진 보물/ 다 남겨주고 싶은 너희들〉이기 때문에 〈나는 한 그루 소나무가 되고 싶습니다./ 천 년을 살고 또 살며/ 내 후손들을 지켜주고 싶습니다.〉라는 본심을 진솔하게 밝힙니다.
  부군의 별세에 따른 슬픔, 슬픔에 의한 애상적 정서, 이와 함께 엄습하는 고독에 아파하면서도, 쉬지 않고 시를 빚고 있는 이성남 시인의 열정에 박수를 보내며, 연연익수(延年益壽)를 기원합니다.

| 차례 |

서시 · 5
권두 평설 | 리헌석 | · 6

제1부 행복을 찾다

친구의 사랑 · 23
첫눈 · 24
하소연 · 25
소녀 적에는 · 26
보고픔 · 27
스님 · 28
할미꽃 · 29
고독 · 30
네 잎 클로버 · 31
견진성사 · 32
주머니 꽃 · 33
가뭄 · 34
너의 수업 · 35
시외 전근 · 36
끝내 못 볼까 · 37
옛 친구 · 38
그리움 · 39
제24회 서울올림픽 · 40
가을 산에서 · 42
비 · 43
친구의 생일 · 44
행복 · 45

나무 · 46
다시 가을 · 47
성모님 · 48
내 이름 · 49
꽃들은 좋겠다 · 50
그때는 몰랐습니다 1 · 51
그때는 몰랐습니다 2 · 53
보고 있나요? · 55
견우직녀처럼 · 56
어머니를 그리며 · 57
내일은 당신 생일 · 58
어제는 내 생일 · 59
친구여, 물어봐 주오 · 60
행복을 찾다 · 61
부활절 즈음 · 62
당신을 기다리며 · 64

제2부 그리운 목소리

표현 · 67
고향 마을에 서서 · 68
수선화 · 69
가을과 어머니 · 70
형님 · 71
떠난 형님 · 72
양갱 때문에 · 73
알펜샤의 찻집 · 74

| 차례 |

알펜샤의 밤 · 75
가시버시 인연 · 76
이별 · 77
보고 싶은 당신 · 78
너와 나 · 80
당신은 말이 · 81
당신의 전화를 기다리며 · 82
당신을 위한 기도 · 83
달님에게 빌다 · 84
눈 오는 날의 눈물 · 85
당신 없는 크리스마스 · 86
불러도 대답 없는 당신 · 87
그리운 목소리 · 88
아닙니다 · 89
돌부처 · 90
그날 · 91
멈춘 시간 · 92
당신의 편지 · 93
웃으며 만나요 · 94
당신 없는 당신 생일 · 95
삼십을 넘으면서 · 96
삼십 대의 어느 날 · 97
외로운 대화 · 98
어느 여름날에 · 99
일기장 · 100
손녀들 · 101
너희들 · 102
손녀들에게 · 103

3부 꽃과 나비

친구를 그리며 · 107
나의 조국 · 108
휴게소 · 109
우도 · 110
제주도 · 111
신라 호텔 · 112
외나무다리 · 114
봄날 아침 · 115
느티나무 낙엽 길을 걷다 · 116
만남 · 117
동경 · 118
이제는 · 119
감꽃 · 120
봄 그리움 · 121
부활 즈음 · 122
꽃과 나비 · 123
백양사에서 · 124
당신 이름 · 125
즐거운 날 · 126
나의 당신 · 127
불이 났던 날 · 128
기도 · 129
소식 · 130
혼인 갱신식 · 131
축원 · 132
기분 좋은 날 · 133

| 차 례 |

만종 · 134
아는 형님 · 135
궁남지 · 136
세월이 약 · 137
별스런 날 · 138
인생 여인숙 · 139
부여 축제 · 140
구절초 · 141
구현정 손녀 · 142
친구의 얼굴 · 143
풍성한 인심 · 144
오감 · 145
노년으로 가는 일 · 146
가을나무 · 147
젊은 날의 친구 · 148
순천 별량성당 · 149
버릇 · 150
궁금한 천국 · 151
인생 1 · 152
인생 2 · 153
인생 3 · 154
친구 1 · 155
친구 2 · 156
부활절 · 157
주님 옆에 계신 당신 · 158

| 신인작품상 당선소감 | · 159

1부. 행복을 찾다

친구의 사랑

너의 사랑이
그토록 애절하였는지 나는
하얗게 몰랐노라.

괴로운 추억
안타까워 벙어리 되었노라.

그리워 쓰러진 자리에
소원하던 사랑이 왔노라.
너의 영원한 그림자가.

− 1958년

첫눈

함박눈이 내리면
약속 없이 집을 나섰습니다.

눈 속에 걷고 걸으며
평범한 말들에도 행복했습니다.

첫눈이 옵니다.
처음으로 마주 앉은 날
지금은 마음이 시립니다.

세월이 한참 흐른 지금
서로의 삶을 빌고 있겠지요.

- 단기 4291년(1958)

하소연

바람 따라 급히 가는 구름아
쉬엄쉬엄 하소연 듣고 가렴.

맑은 날 무엇을 이뤘고
동백꽃 하모니카 밤을 적시던 그날들

나의 보헤미안!
맴돌다 떠나버린 그 이야기를.

- 단기 4293년(1960)

소녀 적에는

네 사랑이 있어 행복한 눈물
보고픔이 뭔 줄 몰랐지

쉬이 와 주는 너 때문에
초승달 별들의 숲이
나를 위해 빛나고
피는 꽃, 아름다운 노래
나 때문에 있는 줄 알았지

함박눈 가뭄 비
작은 솔바람 모두가 행복했지
물욕이 사랑보다
크게 꿈틀거림을 정말 몰랐지

많은 것을 알았을 때는
네가 떠난 다음이었지
이별이 있기까지는
여유로운 철없는 소녀이었지

— 단기 4293년(1960)

보고픔

그리 아득치도 않는 곳에
네가 살고 있었지.

늘어진 버들가지 잡고
하염없이 중얼거린다.

귀밑머리에 꽂아 준 찔레꽃
그리 부끄럽더니

우연히 스치는
인연이라도 있었으면.

- 단기 4293년(1960)

스님

차 한 잔 나누고
홀연히 떠난 스님
울적한 날 찾아가네.

산새도 없는
무거운 산중에
목탁소리
내 마음을 흔드네

외로움을 달래는가,
고독을 넘는 소리인가!

- 단기 4293년(1960)

할미꽃

처음 본 할미꽃
반가움에 내 손이 닿았지

사이에 불꽃이 일어도
모르는 척 무심했지

가까이 오면 멀리하고
멀리하면 애태우는 날

동백꽃 하모니카 세레나데
오늘도 창 너머 오려나

- 단기 4293년(1960)

고독

어디서 와 어디로 가는가?
물소리 더 외로운 날

북적이는 사람들이
그나마 달래준다.

언약 없는 이 찾아
지름길을 둘러본다.

임의 집
그대 그림자 보이지 않네.

- 단기 4293년(1960)

네 잎 클로버

지구가 깨지고, 해가 녹아내려도
나와 같은 존재라고 달래던 너

오월의 어느 날
작은 가슴으로
네 잎 클로버를 찾았지

바람 따라 넘어지는 풀숲에서
구름을 잡은 듯
환성을 질렀지
영원한 행운 잡은 줄 알고

　　　　　　　　　　　　　　　　- 1963년

견진성사

그만큼의 시간이
네게 필요했던 것은
한날의 축복 때문이여라.

주님을 마음대로 부를 수 있고
감히 청하고 매달리니
얼마나 큰 감격인가!

천상에 이름을 새긴 날
머리에 장식한 화관은
천사처럼 우아하다.

- 1963. 8. 29.

주머니 꽃

신이여!
당신은 인간들에게
크고 작은 주머니를 주셨나이다.

무엇을 채우면 되나이까?
우리는 은전이옵니다.

당신께서는 욕심 없는 사랑입니까?
그것만으로는 너무 힘듭니다.
삶이란 그리 간단치가 않나이다.

- 1965년

가뭄

논바닥이 내 마음처럼
하얗게 금이 갔네요.

양수기 펌프도
어쩔 수 없다네요.

한 여인은
그만 눈물이 고였네요.

가난한 사람들의 외침도
자연의 힘을 꺾지 못하네요.

잘 살게 한다는 것
얼마나 외로운 투쟁인가요?.

— 1972년

너의 수업

매끄러운 수업 진행
찬사를 보낸다.

칭찬의 박수로 시작
수업 목표 설명

아이들과의 교류가
물 흐르듯 하다.

용기를 받아 툭 나서는 어린이
얼토당토않은 대답에 폭소

분위기에 힘을 얻은 선생님
재미있게 끝맺었다.

– 1982. 10. 1.

시외 전근

어둠을 뚫고 달리는 새벽열차
도시에서 시골로 공무를 옮긴 날

학교 가는 길
기차 타고,
걷고,
통통배 타고 강 건너
기다리면 오는 버스에
오들오들 떨며갔다.

낯선 땅 귀양 온 사람처럼
임금님 사면 첩지를 기다리는 마음

이웃집 서툰 피아노 소리
떼어 놓은 아이들이 선율을 탄다.

절대적 가치가 아니라던 돈
생활인인 나에겐 이율배반.

- 1983. 3. 11.

끝내 못 볼까

끝내 만나지 못할까!
헤어진 지 십여 년
지금 있는 곳은?
얼마나 변했을까?

걷고 싶었던 낙엽길
을씨년스럽던 가을 날 오후
즐겁고 지혜롭던 너

너도 나처럼
보고 싶고, 말하고 싶고
걷고 싶을까?

- 1983. 6. 1.

옛 친구

산 따라 올라간 진달래길.
골짜기를 맴도는 뻐꾸기 소리
외로움이 적막에 닿네.

산이 좋아
산에서 만난 우리들
이방인이 되어
외따로 살고 있네.

여름이 오는 길목에
산안개 내려 덮고
논갈이 소는
아침부터 느려졌네.

보고 싶은 너,
듣고 싶은 목소리
나누고 싶은 사연들
그때가 돌아오길
기다리고 그리워한다.

- 1983. 6.

그리움

해가 지네요.
땅거미가 엷게 내려앉네요.

작은 산 아래 달리는 차들도
자꾸 자꾸 남쪽으로 꼬리를 감추네요.

창 너머 물든 산등성이
그리움이 눈물 되네요.

— 1986. 11.

제24회 서울올림픽

화합과 평화가
손에 손잡고
냉전을 녹인 굴렁쇠가 굴러간다.

백육십 개 나라 선수들
이십여 만의 관중과 함께 이룬 물결
지구촌은 그렇게 춤추며 노래했다.

성화대 비둘기
상감마마 행차
한강의 강상제
해맞이 소고춤

평화와 자유의 깃발
화려한 행렬
웅장한 기상
역동의 힘과 흥으로
우리의 소원 담아
멀리멀리 세계로 알리었다.

손재주 뛰어나고

머리 좋은 선한 우리 민족
지금도
저 높은 곳을 향하여 달리고 있다.

- 1988. 9. 17.

가을 산에서

뭉게구름 흘러가는 남쪽 하늘에서
네 모습을 보았어라.

잊은 줄 알았는데
잊힌 줄 알았는데
현실은 과거보다 강하다던데

황혼의 그늘 아래
다시 오는 그리움은
어찌 된 사연인가!

- 1997. 10.

비

주룩주룩 배가 내리는
적적한 날엔
누군가와 이야기하고 싶다.

흘러간 사연 그리움 되어 돌아온 일들
빗소리에 젖어든다.

누구에게 전화할까?
작은 말에도 감동하고
분노를 지우려 애쓰는 너
지난 얘기를 나누고 싶다.

- 2001년 여름

친구의 생일

세월의 끝자락에서
보고픔에 그리움을 알고

학처럼 우아함에
아름다움을 알게 한 당신

만남에 웃음이 있어
즐거움을 알게 한 당신은
내 소중한 사람의 하나.

- 친구 안민자. 2001년

행복

바람이 부드럽다.
산모퉁이, 길 언저리가 화려하다.
개나리 진달래가 어우러져
적막, 그리움을 싣고 내려오는
계곡의 물소리.
그 물에 나뭇잎, 꽃잎 띄워
소식 전한다.

온 산 물들어
불꽃놀이 밤보다 화려하다고
파고드는 바람에 시렸고
등을 적시는 땀에 지쳤고
내리쬐는 볕이 짜증스러웠다.

내 나이 육십 넘어서야 보인다.
행복이란 늦게 오나 보다,
삶의 끝자락 조금 전에
단풍처럼 화려하게 오나 보다.

- 2001년

나무

나는 죽어서 나무가 되리라.
바람이 찾아오면 바람과 깔깔거리고

하얀 눈 소복소복 꽃 피는 날엔
행복하게 포근히 안기리라.

해가 바뀌고 또 바뀔 때마다
초록빛 고운 옷으로 갈아입고
오가는 사람들과 웃음 나누리라.

나는 내내 초록빛이어라.
울긋불긋 차려입은 친구들과 어울려
더 아름다우리라.

나와 눈 마주치는 이들
나를 보는 이들
행복에 젖어들게 하리라.

- 2002. 9. 17.

다시 가을

가을이 왔습니다.
올해도 어김없이
내 앞에 왔습니다.

오색 고운 빛을
뉘라서 그려 낼까요.

조용히 젖어드는 그리움을
어찌 표현할까요.

당신을 너무 좋아합니다.
잊었는가 하면
다시 찾아 든 당신은
나를 추억에 빠지게 합니다.

- 2014. 10. 30.

성모님

고결하신 성모님을 향할 수 있게 해주셔
감사합니다.

저희를 위해 기도해 주시는 모습에
감개무량합니다.

당신을 껴안으며
사랑을 전하고
애원할 수 있게 해 주셔
감사합니다.

당신의 사랑은
스러지지 않는 영원함입니다.

- 2014. 11.

내 이름

내 이름은 이성남입니다. 할아버지의 큰 뜻이 담긴 이름. 엄마, 아빠는 그 이름이 싫었대요. 둘이서만 부르는 새 이름이 탄생했죠. 그래서 내 이름은 이성자가 됐어요. 사랑과 기쁨이 드리운 이름이었대요.

25년 후

내 이름은 이경아가 되었죠. 작명가 아저씨가 그렇게 하라 했죠. 평생을 같이 할 남자 친구에게 그렇게 소개했죠. 결국 내 이름은 이성남으로 돌아왔죠. 할아버지의 호적 등재가 힘을 발휘했죠.

남편이 궁금한가 봐요.

당신 이름은 몇 개야? 물으면, 제일 큰 힘을 지닌 건 사십여 년 국록을 먹은 이름 성남이 하나죠.

- 2016. 5. 24. 밤

꽃들은 좋겠다

꽃들은 좋겠다.
지난 해 아름답더니
올해도 그리 고우니

꽃들은 좋겠다.
작년에 반기던 이가
올해도 그래주니

꽃들은 좋겠다.
정든 이도 없고
이별도 없으니.

- 2017. 4. 22.

그때는 몰랐습니다 1

어느 날 통영의 횟집을 TV에서 보며
맛있겠다고 했습니다.
며칠 후 통영 가는 길을 잘못 들어
삼천포에 닿았습니다.

삼천포 앞 바다의 작은 섬
불빛은 별들의 정원
아름다움에 감탄하는 나를 보고
당신은 덩달아 행복해했습니다.

그것이 나에 대한 애정이란 것을
그때는 몰랐습니다.

내가 예순한 살이 되었을 때
도산서원에서 하회마을로
불국사를 거쳐
영남지방을 구석구석 돌았습니다.

내가 준 용돈을 저축하여
5박 6일 여행을 시켜주었던 당신

그때는 몰랐습니다.
나를 향한 애정이 얼마나 진솔한가를.

칠순 때는 자식들의 권유로 유럽여행에 올랐지요.
탑승 몇 시간 가이드의 말인즉
귀빈실에 가이드 수고비까지 챙겼다고 했습니다.

당신은 나의 성실한 가이드였는데
그때는 몰랐습니다.

- 2017. 6. 6.

그때는 몰랐습니다 2

생일에
당신은 백송이가 넘는 붉은 장미를
한 아름 내게 선물했지요.
"고맙다. 수고했다. 사랑한다."
껴안으며 등을 다독였습니다.

평소에 말이 없는 당신이라 난 놀랐지요.
이 일이 얼마나 깊은 사랑이었는지
그때는 몰랐습니다.

이불을 걷어차고 잘 때면
어김없이 이불을 덮어주던
당신의 성품이 얼마나 따뜻했는지
그때는 몰랐습니다.

당신이 떠난 후
아이들이 엄마를 위로한다고 데리고 가는 곳은
어김없이 나와 당신의 추억이
깃든 곳들이었습니다.

가는 곳마다 가슴으로 흐르는 눈물.

내가 당신을 얼마나 사랑했는지.
그때는 몰랐습니다.

당신은 내가 좋아하는 모습에 행복해했습니다.
남자는 여자가 좋아하는 것을 보려고
노력한다는 말을 남의 말처럼 하던 당신,
월급날이면 방에 들어서자마자
월급봉투를 내밀며 환히 웃었던 당신

당신은 나의 힘이었고
삶의 전부였다는 것을
그때는 몰랐습니다.

당신이 내게 해준 것이 뭐냐고
약점처럼 말을 던지던 나.
내가 당신에게 해준 거라곤
어설픈 삼시 중 두 끼 밥이었습니다.

이 모든 것들은
그때는 정말 몰랐습니다.

— 2017. 6. 6.

보고 있나요?

얼마나 더 울어야
당신을 잊을 수 있을까요?

얼마나 더 울어야
나무에 매달려 우는 매미 울음이
팔베개 자장가로 들릴까요?
얼마나 더 울어야
당신을 향한 그리움이 흐려질까요?

오랜 세월을 함께 나누던 당신을
오늘은 꼭 보고 싶습니다.
50여 년간 숱한 정을 남기고
조용히 떠난 당신
정말 그립습니다.

빗방울에 젖는 나뭇잎을 보며
눈물 훔치는 나를 보고 있나요?

- 2017. 6. 17.
- 계간 『문학사랑』 2019년 가을호 발표

견우직녀처럼

어느 날부터인가
일 년에 한 번쯤은
당신을 만나리라 믿어집니다.
견우와 직녀처럼

얼마나 큰 목소리로 불러야
당신이 뒤돌아볼까요.

예전에 숨어들어 흐느끼던
엄마의 눈물이
한참 지난 이제야 가슴을 저밉니다.

그 서러움과 그리움
저 산에 비기리오.
이 바다에 비기리오.

날이 흐르고 세월이 쌓이면
잊힌다 하던데
가슴 저미며 파고드는 아픔은 어찌합니까.

- 2017. 7. 12.

어머니를 그리며

성운지기 조왕물을 부뚜막에 놓으시고
두 손 모아 빌던 어머니의 정성이
우리에게 내리셨지요.

수십 년이 흘렀지만
나뭇잎 스치는 솔바람에도,
저녁 하늘 둥근 달을 볼 때에도
우리는 '엄마가 그립다' 말합니다.

달이 진다고 하여
하늘에서 떠난 것이 아니듯이
진솔하고 위대한 어머니의 초능력을
7남매는 가슴에 묻고 살아갑니다.

사랑하는 어머니!
어머니가 그리운 우리 7남매는
어머니의 사랑을 간직한 채
서로 도우며 행복하게 살아갑니다.

- 2017. 8. 28.
- 월간 [충청예술문화] 2020년 1월호에 발표

내일은 당신 생일

핸드폰 번호를 바꿨어요.
큰 아들은 자기 전화에 걸어 보래요.
"조금 있다가…."

집에 와서 첫 번째로 당신한테 걸었지요.
응답이 없었어요.
당신이 있는 곳은 천국이라는데
전화도 연결되지 않네요.

내일은 당신 생일인 거 알지요?
자꾸자꾸 눈물이 나요.
보고 싶은 눈물이.

- 2017. 11. 17.

어제는 내 생일

어제는 당신 떠나고 두 번째 돌아오는
내 생일이었지요.
가슴이 터질 것만 같은 당신 생각에
자꾸자꾸 하늘만 올려 봤지요.

열여섯 명의 아이들이 당신을 기억하며
주모경을 바쳤어요.
그리움과 원망과 눈물의 기도 소리가 들리던가요?

전과 다르게 많은 고급스런 선물과
큰 액수의 축하금을 받았어요.
그때 당신 음성이 들렸어요.
아주 따뜻하게….

깊은 밤 혼자서 잠들려는데
당신이 행여 올까 문 쪽에 귀를 댑니다.
현관문 번호 키를 누르는 소리가 들릴 듯합니다.
오늘은 더 쓸쓸합니다.

- 2017. 12. 12.

친구여, 물어봐 주오

친구여, 그이를 만나거든
그리 멀지 않은 동쪽 끝
아담한 집에 살다가
지금은 남의 아내가 되어
살고 있다고 전해주오.

낮과 밤이 두텁게 쌓인
그 어느 날엔
선하신 양친 아직도 살아 계신가,
물어봐 주오.

장독 옆 앵두나무
얼마나 촘촘히 꽃을 피우며
동네 옆으로 흐르는 개울가 초록 풀잎들은
아직도 물소리와 친구하냐고
물어봐 주오.

친구여, 잊지 말고 물어 줄 것은
아직도 기억에 내가 있느냐고.

- 2018. 2. 3.

행복을 찾다

바람이 부드럽습니다.
산모롱이 따라
길 언저리가 화려합니다.

산수유와 진달래가 어우러진
그 사이 적막을 적시는
계곡의 물소리

물소리에 잠이 깬 나비는
꽃잎과 함께 불꽃놀이가 한창입니다.

바람이 넘나드는 길에서
등을 적시는 땀방울
그늘 사이 언뜻언뜻
햇살의 나들이가 반갑습니다.

행복이란 늦게 오나 봅니다.
삶의 끝자락 조금 전에
화려하게 오나 봅니다.

― 계간 『문학사랑』 2019년 가을호 발표

부활절 즈음

발코니 창을 벚꽃이
화려하게 꾸민 오늘
부활절 달걀 꾸미기를 했습니다.

당신을 향한 애틋한 마음으로
어미닭과
병아리를 마주보게 놓았습니다.
성경대학 어르신들의 웃음소리가
여기저기에서 터져 나옵니다.

손으로 달걀을 꾸며도
당신의 음성이 들리지 않습니다.
가슴에서는 당신과의 추억이
자꾸만 세월을 거슬러 아픕니다.

성지주일 바구니에
가득한 향나무 가지
예쁘고 조화를 이룬 것을 골라
당신의 이름을 새깁니다.

내 손에 든 두 개의 나뭇가지처럼

당신은 항상 내 곁에 있나 봅니다.
지극하고 간절한 나의 바람은
지금 여기에서
서로 만나는 것입니다.

- 계간 『문학사랑』 2019년 가을호 발표

당신을 기다리며

봄이 왔습니다.
새싹이 돋아나는 사이에
꽃이 피었습니다.

당신이 떠난 후부터
이 흔한 일들이
가슴 저리게 새롭습니다.

사람을 못 잊는 일이
그리운 사람을 기다리는 것이
봄꽃과 같습니다.

당신이 봄꽃이라면
겨울이 지나 다시 오시리라
기다리며 행복하겠지요.

보고 싶습니다.
생각하지 말아야지 하면서도
눈물이 가슴을 적십니다.

- 계간 『문학사랑』 2019년 가을호 발표

2부. 그리운 목소리

표현

이 먹먹한 가슴 뭘까
사랑해서?

얼마큼 사랑하기에
이보다 더 좋은 말이 있을까

시간을 이끌고
삶을 버티는 날들

되돌아 그날이 다시 온다면
더 사랑하고 더 표현하며 살리라.

고향 마을에 서서

깨나 길었던 모퉁이 길이
왜 이리 초라하고 작은가
사람의 흔적조차 없구나.

산 너머 새로 난 고속도로
쉴 새 없이 달리는 차들
낯설기만 하구나.

출렁이던 냇물은 사라지고
곡식 널린 마당이 되었구나.

시냇가 건너 안개 속 희미한 마을
아직도 그 친구 살고 있을까!

엄마가 새로 지어주신
하얀 인조 주름치마
키다리 꽃 송이송이 따서
치맛단 물들이도
좋아라, 강변 뛰놀던 열 살 소녀
백발이 되어 여기 서있네.

수선화

길에 뿌려진 추억들이
벚꽃처럼 화려한 날

봄이 깨어 부서진 자리에
수선화 하늘거리면
웃는 너 때문에 보람 있는 날이었지.

네가 피는가 했더니
내가 지고 있는 공허함 속에
필요한 사람이 아닌
사랑받는 사람이 되고 싶은 날.

가을과 어머니

낙엽이 하늘하늘 날립니다.
바스르-밀려오기도 합니다.

고개를 들어 하늘을 봅니다.
참 깨끗하기도 합니다.

나뭇잎 사이, 사이로 들립니다.
고독은 그리움과 함께 온다고

새벽녘 살드락 살드락 부딪치는
나뭇잎 소리는
떠나신 어머니를 그립게 합니다.

고향집 우물가
미루나무에 새벽이 걸리면
나뭇잎 사이, 사이, 별이 반짝입니다.

형님

깜짝 놀라 나무처럼 서 있었다.
사흘 전 같이 있었던 형님
숨결이 떠났음을 안 사실

그리움이 무엇인가
이 허무함은 무엇인가
보고 싶어도 만날 수 없는 사람

흐느적흐느적 햇살을 가르며
"너무합니다." 한 말씀도 드릴 수 없이
그렇게
돌아올 수 없는 여행을 떠나시다니요?

떠난 형님

에둘러 말씀하시는 지혜를
얻어가며 함께한 시간들

'기회는 항상 오는 것이 아니다'
열심히 활동하시던 형님

이것저것 거두어 먹이시고
남의 눈물 내 눈물 되시던 분

젊은 시절 시집살이
시아버지 밑 닦기 거즈
눈감고 맨손 빨아
긴 빨랫줄 만국기 펄럭이었다는
아름다운 미소

나무 아래 긴 의자에 앉아 시계탑 보며
묵은 날 다가올 날 나누던 일

허무 속에 홀로 앉아
야속타! 후회한다! 좋아한다!
떠가는 구름에 전할 수밖에.

양갱 때문에

두 번째 만난 날
양갱 속껍데기 반쯤 벗겨 권한 당신

부드러운 손길 우러나오는 자상함
이 정도면 됐구나.

갑천 둑방 가을은 무르익고
유성의 화려한 네온사인
미래를 약속한 우리

만 가지 사연을 쌓고 떠난 세월 삼 년
천호성지 영정 앞에 놓인 양갱

우리의 시작은 그러했습니다.

알펜샤의 찻집

뜨거운 차 한 잔
피어나는 연기에
추억을 그립니다.

창 밖 별무리가
빼곡하던 날

베사메무쵸를
흥얼거리던 당신

그런대로 행복했던
우리였습니다.

알펜샤의 밤

내 삶은 밤과 낮처럼
다르게 한 당신

잊힐까 여기 오던 길
나는 행복합니다.
역설의 노래를 반복했습니다.

불어오는 바람 속에
낯선 사람 타이릅니다.

누구나 황혼 같은
혼자서 걷는답니다.

등을 다독이던
그의 뒷모습에
알펜샤의 밤은 깊어갑니다.

가시버시 인연

후회하는 것을
"참 좋은 사람이다"
왜 못했을까?

바람과 공기가
차별 없이
내리지 않는 기분

당신이
옆에 없어서일까?

이별

비단결처럼 고운 마음이
산데리아처럼 빛나는 것이
너의 전부가 아니라기에

옛사람 하는 말
동경의 달무리가
참만 더 곱다기에

잘못 얽일까 두려워
머나먼 곳으로
도망치듯 떠났다오.

굳이 말하지 않으랴만
꼭 당신이 듣고 싶다면
정(情)을 넘어서기란
무던치 않더이다.

보고 싶은 당신

오늘이 돌아올 수 없는 길을 가듯
당신은 그렇게 가족을 뒤로 했지요.
어느 뜨겁고 뜨거웠던 여름날

나는 소리 질러 통곡을 했지요.
당신이 그리도 아끼던 아들딸들도
소리 없이 흐느꼈지요.

아파하는 당신 앞에
생각은 막히고 기력은 내려가고
온몸이 풀린 채 하루하루가 지났었지요.

순하고 착한 당신!
오늘따라 기억이 살아납니다.

80년대 핸드폰이 없던 해외여행
호텔 전화 빌려 출근 전 전화를 하던 당신
새로운 나라 갈 때마다
내 선물 먼저 샀다던 당신
어찌 그리 무정하게 떠났나요.

내겐 벅찬 당신이었습니다.
집에 있어도 밖에 나가도
산에 가도 바다에 가도
당신과의 추억에 흐르는 눈물

님이 알게 모르게 울며
당신을 보고 싶어합니다.
사랑합니다.
"정말 사랑했다."고 고백합니다.

너와 나

맑은 날 정오 서리 내리듯
멀리 멀리 높으나 높게
떠나간 당신

허공을 헤매며 지나온 날들
오늘도
애써 기다립니다.
두 영혼이 맞닿는 날을.

당신은 맏이

말없이 살라했지요.
욕심 없이 손해 보듯 살라했지요.

누구보다 나은 당신
서두르지 말라 했지요.

아니라고 하나하나 집어세면
침묵으로 애태웠지요.

무상한 것이 인생이거늘
인심 따라 님 따라 왜 못했을까요?

당신의 전화를 기다리며

휴대폰을 손에 들고 걷는다.
바람은 앞깃을 펄렁이고
저녁 햇살은 등을 덥힌다.

휴대폰을 열어본다.
문자가 왔나?
좀 있으면 벨이 울릴까?
약속도 없는데 기다려진다.

많은 하객 속에
주님의 축복을 받던 6월 8일
천상엔 행사도 없나요?
이승은 바쁜 오뉴월입니다.

당신을 위한 기도

당신을 위해 기도했습니다.
눈물과 그리움이
오작교 되어 만났습니다.
우리는 부둥켜안고 울었습니다.
그 눈물 하도 뜨거웠습니다.
추억마저 주마등 되었습니다.
기도조차 멀리하려 합니다.

달님에게 빌다

달님! 달님! 보름달님!
애달픈 소리 들리십니까?

애절한 노파의 부르짖는 소리
기억하십니까?

내 사람 보내주오
내 남편 만나게 해 주오.

눈 오는 날의 눈물

어제는 눈이 내렸습니다.
조용히, 조용히 온종일
제법 쌓였습니다.
그 위에
그리운 눈물이 얹혔습니다.

당신이 내게 뿌려준
천상의 소식인가요?
거룩하고 아름다운 천상이라고

눈이 내린 다음날은
고요하다 못해 적적합니다.
나무의 그림자도
사람의 소리도 없습니다.

당신 없는 크리스마스

오늘은 모든 사람이 들뜨는 크리스마스
구유에 소박하게 오신 예수께 기도드립니다.

거룩한 노래가 성당 안을 가득 채웁니다.

당신과 나란히 아기 예수께 경배드리던 날
지난 흔적이 볼을 적십니다.

불러도 대답 없는 당신

당신과 내가 사는 세상은
너무도 다른가 봅니다.
불러도 대답 없고
외쳐도 메아리조차 없으니

견우와 직녀는
1년에 한번이라도 만나련만

낙엽에 사랑타
보고 싶다 적어 계곡에 띄웁니다.
굽이굽이 흘러
당신이 받아보셨으면….

그리운 목소리

동으로 서로 어디를 가도
찾는 사람 먼저, 날 떠나
여기 없다네.

외치는 소리
연줄에 매어 아득히 띄웠건만
하늘나라 너무 먼 길인가?

당신 대답 오다, 쉼이리까?

아닙니다

나는 잊어서 웃는 게 아니랍니다.
그냥 웃는 거랍니다.
내려앉은 가슴은 풀 수가 없습니다.

옷매무시 단정한 머리
평정인가 하오나
하도 답답하고 무거워 그리했습니다.

돌부처

헤어짐이
외로움인가 하고

피해보자
약속한 마음

피하려니
아쉬운 추억이 솟네.

차라리
당신 옆에 돌부처 되리라.

그날

내게서 흘러간
당신의 여운이
이제는 잊히랴!

달 돋고 별 나고
해 돋는 날이
내게도 오려나.

멈춘 시간

당신이 아파 누웠을 땐
창 너머 여유로운 걸음들이 부러웠다.

느리다 못해 멈춘 시간 속에
방황은 이어지고

아, 끝이 났으면
이대로 끝이 났으면….

당신의 편지

빛바랜 종이에
사랑이란 글자가 보이지 않을 때까지
꺼내 읽습니다.

당신은 떠나고
사랑의 흔적만이 빛을 냅니다.

가끔은 세월에 떠밀리는 내가
서럽기도 합니다.

웃으며 만나요

오늘부터 당신 손을 놓으려 합니다.
그리움에 매달리지 않겠습니다.

멀어져가는 뒷모습에
나도 돌아서려 합니다.

아쉬움 그만 내려놓겠습니다.
천상의 노랫소리에 흥겨운 당신
나도 가벼운 일상으로 몸짓을 하겠습니다.

서로 행복의 나래를 펴다가
어느 날 재회의 날에 웃으며 만나요.

당신 없는 당신 생일

보고 싶다면 오기나 하나요?
서러워 눈물지면 닦아주나요?
그리워 한숨지면 꿈에서나 오나요?

이 세상 저 세상이 너무 다른 걸
살면 살수록 절실하오.

지나고 보니 삶이란 아무것도 아닙니다.
참으로 아무것도 아닙니다.
백 번을 되뇌어도 그렇습니다.

정든 사람 떠나보내기란
높은 산을 넘기보다 어렵습니다.
그리움 접으려다 보고픔이 더 커집니다.

우리 사이는 먹물로 쓴
긴 사연과 같습니다.

삼십을 넘으면서

서릿바람 휘도는
원시림을 닮은 산봉우리에 서서
하늘을 향한 너는 초인의 순간이었지

별무리에 사치와 자존심을 묻을 때
내 속에서 새로운 불꽃이 튀겼지
아니
바램이 솟았지

높은 듯 낮고, 귀한 듯 노예 같은 삶
가족이란 사랑 때문에
철의 여자란 별명을 얻을 땐 외로웠지

엇갈리며 서로 부딪치는
가족이란 가시관을 못내 견디기 어려웠지

허나, 나를 향한 그이의 정을 믿기에
사랑의 샘물이 되었지

삼십 대의 어느 날

신이여!
내 꿈을 깨지 말아주오.
작은 꿈이지만
나에게는 위대합니다.

그리 먼 날이 아닌 그날에
온 가족이 즐거운 식탁을 꾸미고
'산토끼'를 노래하며
작은 앞마당에 철마다 피는 꽃이 다른
그런 꿈을 꾸곤 했습니다.

너무 힘들어 녹초가 되고
가시 방석에서 꾸는 꿈은
참으로 평화롭습니다.

신이여!
내 꿈을 깨지 마소서.
이루소서!

외로운 대화

다녀오겠습니다.
다녀왔습니다.

듣는 사람도
대답도 없다.

홀로 사는 사람의
외로운 그림자.

어느 여름날에

다시는
사람으로 태어나고 싶지 않습니다.
고통스럽고 힘든 삶이 싫습니다.

나는 한 그루 소나무가 되고 싶습니다.
천 년을 살고 또 살며
내 후손들을 지켜주고 싶습니다.

나처럼 살지 않기를 간절히 빕니다.
부족함이 없는 삶이 얼마나 좋은지
누리며 살기를 빕니다.

일기장

"엄마! 성탄 축하해요.
올해도 건강하세요."
네 마음 담아 선물했지.

햇빛 쏟아지는 날
운동장을 내려다보며
기도문을 적는다.

해처럼 웃는 얼굴
꿈을 키워
꽃이 되라.

손녀들

생김새, 좋아하는 것
닮은 데 없이 제 각각

눈이 작아서 귀엽고
눈이 커서 예쁘다.

새로운 지식에 파고들고
창의적 솜씨에 놀라고
비단결 심성에 정이 든다.

떼 지어 뛰노는 모습도 율동이다.
하나 같이 예쁘다.
가슴을 채운 사랑이다.

너희들

웃음이 퍼진 중년의 여인
어린 손녀와 손을 잡았다.

손녀!
엄마는 사랑이고
할머니의 자랑거리인 너희들

아까울 게 없지
가진 보물
다 남겨 주고 싶은 너희들.

손녀들에게

20세가 되면,
목표를 세우고 혼신의 노력을 다해다오. 70년의 엄청난 날들을 보장할 수 있도록. 영광스런 삶은 거저 오는 것이 아니란다.

30세가 되면,
가족에게 작은 일부터 양보하는 습관에 길들여다오. 동등하다는 자존심은 절대 평안할 수 없다.

50세가 되면,
네 나이를 웃으며 맞이해다오. 좀 더 가진 것을 자랑 말고, 무엇을 먼저 해야 되나 깊이 생각하고 꼭 실천해다오.

70세가 되면,
주변을 둘러보고 가까운 혈육에 관심을 보여다오. 남을 먼저 돕는 것은 자기 과시일 수도 있으니 깊이 생각해라.

80세가 넘어서면,
존재에 감사해다오. 내 옆에 있는 사람은 누구나 귀하게 여겨다오.

그리움의 크기
이성남 시집

3부. 꽃과 나비

친구를 그리며

산 따라 올라간 진달래길
골짜기를 맴도는 뻐꾸기 소리
외로움이 하늘에 닿네.

산이 좋아 산에서 만난 우리들
어느 사이 이방인이 되어
외따로 살고 있네.

여름이 오고 가는 길목에
산안개 내려와 자욱한데
논갈이 소는
아침부터 혼자 새김질하네.

보고 싶은 그대
듣고 싶은 목소리
나누고 싶은 사연들
그대가 돌아보기를 기다리네.

나의 조국

푸른 하늘 장엄하게
서서히 떠오르는 태양

신의 축복이 내려진 땅
이곳저곳 꿈이 자라고

부지런히 일하고
밤낮없이 연구하는
꿈을 심어준 나라

벅차오르는 희망
꿈 위에 세운 나의 조국.

휴게소

유유히 정류장을 떠나는 버스
들어와 내리는 손님들 싱글벙글

어둠이 조용히 내린 휴게소
탁자에 둘러앉는다.

차 한 잔씩 시키고
오늘 일을 꺼낸다.

내 마음 네게 비추어
생기가 있다.

우도

선착장 대합실
신분증 들고 선 사람들
우도로 떠난다네.

선실에 앉으니
바다가 앞마당
점점이 떠 있는 고갯배 한가롭네.

항구에 굵은 밧줄 던져 매니
우르르 총총 걸음

자전거 오토바이 빌려 타고
푸른 바람 가르는 해안도로

약속처럼
우도 섬 한 바퀴 돌아오네.

제주도

열 번을 들러도 정다운 곳
아름다움 비할 데 없는 섬

먼나무, 유도화, 야자수 가로수가
달리는 길 치장하네.

화려한 유리성
풍경치고 즐기고
소원 비는 접시에 동전 던지며
크게 웃네.

소인국 세계나라 축소 건물, 인물들
재미도 있네.

바다 향해 솟은 검은 기둥들
주상절리대 명물이네.

제주 바다 낚시 갈치
비싼 갈치
부드러워 감칠맛이 일품
끌어당겨 매일 먹게 되네.

신라 호텔

하얀 집 예쁜 집
오르내리는 층계도
배려한 마음 알게 하네.

크고 작은 나무 사이사이로
푸른 바다 그림이네.

초록 풀 향기 따라
오솔길 걸으면
연못 속 물고기 떼 유유하고
예쁜 꽃들 들러리 서 한창이네.

조금 가면 수영장
노래와 드럼 밴드가 밤을 적시면
물속 사람들 리듬을 타네.

실내 정원 찻집
첼로와 피아노가 여운을 남기는 시간
밤마다 다른 감상 격이 다르네.

우아한 드레스 여인들은 연인을 끼고

여기저기서 나타나네.

봉생마중(蓬生麻中)
휘어진 풀도 삼밭에선 곱게 자라던가?
처음 만난 이들도 예절이 으뜸이네.

가는 곳곳 구석구석 세련된 아름다움
그래서 행복하고
이래서 기분 좋은 곳
다시 찾고 싶네.

외나무다리

우리 동네 오는 길

외나무다리는
홀로 건너는 다리
예부터 다리 마중 못 간다는데
어젯밤 꿈 따라
행여 하고 눈여겨보오.

건너편 방천에 총총히 오는
기다리는 사람인가
기다려지는 사람인가
나만은 외나무다리
마중 가오.

달려와 부딪치면
한 몸 되어 건너리다.

봄날 아침

연이나 그리운 날
먼 동네 바라보노라면
네 모습 보이는 듯 아닌 듯

봄날 아침 보리밭 이슬이
눈물이 된다.

부슬비 내리는 날
해조음인양 너의 밀어는
"기다린다."

돌아선 걸음걸음
땅이 깊더라.

느티나무 낙엽 길을 걷다

시월 상강의 날
느티나무 낙엽 길
보드라운 감촉
어찌해 외로움이 되나요.

길옆 꽃 도매점에 들렀다
온 몸을 둘러싼 향내음
넋을 잃고 섰어요.

수고했다, 고맙다
백송이 장미를 안겨주던 당신
지난날이 메아리 됩니다.

오늘 따라
소름이 돋도록 그리운 것을
당신은 알고 있나요.
자연이 오색찬란하게 물드는 만큼
외로움도 그리움도 진해집니다.

만남

축하합니다.
축복드립니다.
축복의 의미를 이토록 짙게 느낄까?

둘의 만남이
영원애의 사랑을 향한
광채여라.

스스로 찾은 오늘 날
둘만이 아는 행복
깊이깊이 아롱집니다.

길도록 행복하도다.
진실로 행복하도다.

- 구경운 아빠 결혼 때

동경

한 잎
또 한 잎
써늘한 바람에 몸부림치던 잎새
슬픔, 원망
그리고는 고독을 짓씹는
창백한 네 입술
얼음인양 차가운 달 아래
플라타너스 그림자는
밤의 두려움을 내린다.
맴도는 침묵이
전신을 조이며 떨리게 한다.
내 품은 한마디는
끝내 못하고
'모두를 사랑했다' 는 이 한마디를
온 피가 말려들 듯 했지만
끝내 그렇게 못했다.
아~
이런 것이 인생사런가.

이제는

잊을 겁니다.
잊을 겁니다.
그립고 보고픔이 너무 힘들어
잊었습니다.
덧붙여
사랑했던 과거마저
강물 따라 흘러
흘러 보낼 겁니다.
울다
울다 지쳐서.

감꽃

네가 내게 준 강한 시선은
감꽃이 피던 이맘때쯤
그 찰나를 영원에로 이끌 줄이야
너와 난들 알았으랴.

슬픈 대서사시는
공간을 너머 옮겨 가는데
올해도 감꽃은 만발하려나.

많은 사람의 무리는
고독을 알게 한다.
극치의 흥겨움은
눈물을 알게 한다.

이렇게 지치게 만든 것은 무엇이며
그는 누구냐고
작은 독백을 터뜨린다.
내 호수에 파문을 일으킨 당신은 아시리.

봄 그리움

봄이 왔습니다.
새싹이 돋는가 했더니
꽃이 피었습니다.

이 흔한 말들이
올해는 가슴 저리게 새롭습니다.

떠난 사람
그리움 때문에

보고 싶습니다.
눈물이 가슴을 적십니다.

생각하지 말아야지
하늘을 치켜보지 말아야지
당신과 내가 있는 곳이
너무 다르니까.

부활 즈음

발코니 창을 벚꽃으로 화려하게 꾸민 오늘, 부활절 달걀 꾸미기를 했습니다. 어미닭과 병아리가 마주보게 했습니다. 당신을 향한 애틋한 마음 어찌하나요.

성경 대학 어르신들의 웃음소리가 여기저기서 터져 나옵니다. 손으로 달걀을 꾸미고 머릿속은 당신과의 깊은 추억을 헤맵니다. 성지주일 바구니에 가득한 향나무가지, 예쁘고 조화된 것을 골라 들었습니다.

내 손에 든 두 개의 나뭇가지, 당신은 항상 내 옆에 있나 봅니다. 내 지극하고 간절한 바람은 여기에, 지금 여기에, 당신과 함께 있는 것입니다.

꽃과 나비

나비가 꽃을 찾는지
꽃이 나비를 기다리는지
내 모르지만

서로 사랑하고
아끼는 마음은
알 것 같습니다.

백양사에서

풍경을 흔드는 소리가
마음을 깼습니다.

문풍지는 떨리고
나무들 울림이 들립니다.

바람처럼 밀려오는 영원함이여
진리로 믿었던 사랑이여!

새벽녘 차분히 잠든 당신을 보며
일어나 옷깃을 여밉니다.

당신 이름

네 이름 부르고 싶다.
호수 건너 산을 넘도록

안으로 안으로 감싸오는 호수
네 가슴 같지 않구나.

기다려지는 당신이여
오늘도 불러본다.

즐거운 날

아침 노을 즐거운 날
맑은 마음 밝은 노래
희망을 심는 날

저녁 노을이 지고
별 무리들이 퍼지면
총총히 기쁨을 심는 밤

세상에서 가장 아름다운
그림이 완성되는 날.

나의 당신

너를 보면 배시시 웃는다.
너를 가까이 하면 만지고 싶다.
너는 나의 당신이니까.

불이 났던 날

인자하신 눈으로 살피소서.
고결하고 따스한 손으로
실망한 얼굴을 들어 주소서.

망망대해에서 함싹 젖어 돌아와
갈등하는 죄인을 용서하소서.
마리아 당신의 노여움 바꿔주소서.

절망의 늪에서 헤매는 그에게
부드러운 마음 열어 주소서.
가혹한 시련일랑 아예 없이 하소서.

기도

하느님을 우러러 기도드리는
엄마의 간절한 눈빛에
아빠도 그만 따라합니다.

말하지는 않았지만
같은 뜻으로

아가는 백합처럼 피어
곁을 지킬 때

'그이는 만족한 짝입니다.'
신에게 속삭이면
어느덧 마음은 감사하고 있어요.

소식

북쪽 하늘 마냥 푸르기만 한데
구름에 걸렸나요?
바람에 쓸렸나요?

무엇이 어찌되었기에
전해올 당신의 뜻
오늘도 없나요.

답답토록 지루한 시간
기다림은 아예 못할 일
무심한 듯한 당신이 부럽네요.

오늘도 기다리는 마음
어제 닮았어요.

혼인 갱신식

55쌍의 혼인 갱신식
거룩하고 성스러운 자리
하느님의 은총이 쏟아지는 날

당신은 내 손을 잡은 채
위대한 삶을 이어온
앞으로도 하느님의 은총 속에
혼인 서약을 했다.

대가족을 지키랴, 승진하랴,
흘러간 수많은 날이 안쓰럽다.
"고생했어요"
울먹이는 회답

우리들의 웨딩사진 추억의 그림들
50여 년 묵은 추억이 슬라이드로 돌아갔다.
행복해서 기쁨에 취했다.

주님께서는 나를 정말 사랑하셨다.
"인생을 단정짓지 말자
행복이 계속 기다리고 있으니까."

축원

잔잔한 호수에도
괴로움이 있다네.

수중고온 목탁소리
나그네 맘 흔들어
발걸음 멈추네.

축복의 날이 길기를
모든 사랑이 기쁨만 소유하기를
합장하여 비네.

기분 좋은 날

바람이 스치고 지난 자리엔
정이 머물고

눈이 앉았던 가지엔
찬란한 희망이 살아난다.

시냇물 흘러가는 길에는
눈부신 태양이 내린다.

삶이란 아름다운 것
한 번은 살아 보자.

만종

만종의 여운이 땅을 덮는다.
저녁노을에도 퍼진다.

바삐 놀던 아이
성전을 향하여
두 손 모으고 섰다.

거룩하고 성스런 나라에
천사가 된 아이.

아는 형님

문득문득 얼굴을 가립니다.
바람처럼 떠난 당신
보고 싶고 그리워 어찌하나요.

내 홀로 되어 외로울까
불 켜 놓고 함께 했던 구장 휴게실

힘들다 입맛 없다 하시면
연세러니 했지요.

자몽한 듯 햇살 가르다
나무처럼 서서 중얼거렸지요.

좀 앓다 떠나시지 그랬어요.

후회와 참회의 눈물
사랑의 눈물이 운동장을 적십니다.

-신황순 형님을 그리며

궁남지

넓으나 넓은 연잎 바다
드문드문 솟아오른 연꽃
우아하기 그지없다.

서동과 선화공주
사랑 나눈 궁남지

서동이 연잎 사이 숨었을까
선화공주 꽃송이 안겼을까?

부처님 꺾어든 한 송이 연꽃
아홉 가지 다른 대답보다
백제의 전설이 더 아름답다.

세월이 약

바람 냄새가 살짝 오네요.
소나무 풀숲에서
벌레 소리와 섞여 오네요.

부드러운 내음 알아차림을
오감이 눈을 뜨나봐요.

무거웠던 가슴에도
잔잔한 물결이 움직이나 봐요.

별스런 날

해밀이 넓게 보이네
기쁜 일이 있어서란가

꽃들이 왜 이리 예쁜가요
여행을 떠나는 날이라서인가

가슴이 왜 이리 설레나
오래 된 친구의 손을 잡아서인가

네 말에 행복해서인가
웃음이 절로 새어나오는 날

인생 여인숙

천지는 만물이 하룻밤
쉬어가는 여인숙이랍니다.
수만리 장성 쌓은
우리는 감사하는 투숙객이었죠.

서로 웃고
바라보는 것만으로도 좋았었지요.
아파 누워 있는 당신께
바깥 일 이야기하며
시원하게 웃기도 했죠.

생각할수록 편안하고
좋은 여인숙이었습니다.

부여 축제

부여 향토 축제날
당신이 입혀준 비단옷 걸치고
코스모스 숲길 걸었지요.

백마강 유람선 낙화암 지나던 그때
내 손을 가만히 잡아줬지요.

백 번을 꺾인 듯하다 돌아온 당신
내 어찌 헤아리지 못하리까.

구절초

마당 가득 가을을 피어낸
구절초
어우러져 한들거리네.

호미 들고 촘촘히 심던 여인
바람 불어 향기 펼치는 날 기다렸겠지.

지난 시간 속에
멈춰선 사람들
저마다 예쁜 그림 그려보네.

구현정 손녀

왼발 오른발 엇갈려 뛰어노는
커피 향 속의 밝은 아이야.

카페의 이곳저곳 앉아보며
책장을 넘기고
노래도 부르는 아이야.

세상은 온통 즐거움만 있고
아쉬움 없는 아이야.

더없는 행복을 휘감아 청아한
네 목소리 천년을 이으리.

친구의 얼굴

우울한 친구의 전화
삶의 반이 그리움이라고
마음을 바꾸고 싶은 날

잘 웃는 친구의 얼굴
백지에 그려본다.

입이 귀에 닿도록
덩달아 하늘 가득
기쁨이 커진다.

풍성한 인심

먼 산 구름 떼 어우러져
급히 떠가니
가을이 깊어지나 보다.

들녘에 가을바람 풀어놓아
서로 비비며 좋아하는
황금 벼 밭 바라만 봐도
가슴이 열린다.

햇빛과 바람이 논밭을 물들이니
인심은 저절로 따뜻하다.

오감

바람 냄새가 살짝 오네요.
소나무 풀숲에서
벌레 소리와 섞여오네요.

부드러운 내음 알아차림
오감이 눈을 뜨네요.

가라앉은 심연에
햇살이 들기 시작하네요.

노년으로 가는 일

연두 빛 은행잎 가지 사이로
물들기 시작한 오색 단풍의 고운 빛이
노년을 향한 우리의 삶을 닮았다.

기분 좋은 선선한 바람 받아
흐드러진 구절초 꽃밭
그저 고마움과 감사함이다.

떠나신 부모님께
내 삶의 가을을 종알거리고 싶다.
마지막 삶이 오색으로 꾸며지고 있다고.

가을나무

한없이 작아지는 나를 알 때는
외로워 여기저기 서성대다
저무는 해처럼 집으로 숨던 날

가을나무 닮은 예쁜 삶을 살다
첫눈이 낙엽과 함께 흩날리는 날
세상과 마지막 인사를 나누고 싶다.

미완성의 순례가 끝나는 날
다시 돌아올 수 없는 이 땅

바람과 태양, 비에 촉촉함을 적당히
받은 삶을 진정 감사하며 떠나리라.

젊은 날의 친구

노란 은행잎, 빨간 단풍잎들이
푸른 사철나무 사이사이로
절경을 그립니다.

바삐 걷는 여인들과 어우러져
더욱
매력이 넘칩니다.

11월의 가을은 30대의 여인처럼
세련되고 화려합니다.

이런 날엔 한 번은 꼭 보고 싶은
사람이 있습니다.
젊은 날의 그 친구가!

순천 별량성당

순천 별량공소 성당
깨끗한 마당 옆
채송화 금당화 꽃밭
순수한 공기와 같다
오랜 세월만큼 사연도 많을 듯하다.

모든 과거와 지워진 백색의 자리에
소박한 평화로 채워진 별량공소
행복의 나래를 펴며 기도드린다.

하느님 말씀 따라 삶의 길을 걷는
공소관리자 내외의 닮고 싶은 표정

스물다섯 분의
공소신자들의 건강을 새기며
주님께 작은 예물을 올렸다.

버릇

시계를 보는 버릇이
약속도 없는데
계절을 기다리는 버릇이 생겼다.

밉다고 소리쳤던 당신
사랑이었다고
변명하려는 것일까?

첫눈이 내리는 아침
빨리 왔으면.

궁금한 천국

주님께서 모세와 엘리야를 만났던 산상
새하얀 옷 빛이 눈부시고 황홀하여
제 정신이 아니게 취해버린 베드로는
초막집을 짓자고 그저 말했답니다.

여보!
천국은 정신을 가눌 수 없을 만큼 황홀하던가요?
열매를 얻으려면 먼저 씨를 뿌려야 한다던데
나도 당신이 있는 천국에 갈 수 있을까요?

인생 1

흘러가는 세월
잡은 사람 누구며
바람 따라 밀려가는 구름
누가 원망하랴.
타고난 내 인생
누가 바꾸랴.

인생 2

즐거운 날 기쁜 일
어찌 다 감사하랴.
잊었다 살아나는 그리움
무슨 말로 답하랴.

인생 3

힘든 날보다 희망찬 날이
많은 인생
한 번은 살 만하네.

친구 1

열 가지 농산물 꾸려
난데없이 보내주던 마음

속삭이듯 잔잔하게
전해주던 그간의 소식

시작되는 가을 저녁
바람 따라
마을길을 걸으며

꿈 많던 시절의
우리들을 생각한다.

친구 2

작은 풀꽃에 가던 길 멈추고
주고받던 꽃말 이야기

내장산 백양사 오색 가을에 홀려
손잡고 부르던 노래

친구야!
네가 유난히 그리운 저녁이다.

그때로 돌아가면 얼마나 좋을까!

부활절

주님
저를 불러주셔서 감사합니다.
엄청난 은총
내려주셔서 감사, 감사, 감사합니다.
삶이 곧 부활입니다.

주님 옆에 계신 당신

며칠 전 우리 성당의 전체 신자들이 베론 성지에 가서 미사를 드렸지요. 나는 주님께 물었어요. "누구 한 사람, 보이지 않으시죠?" 그랬더니 주님은 "내 옆에 있다." 속삭였습니다.

신록이 짙어지기 시작하는 초여름 6월 8일, 당신과 내가 주님의 성전에서 백년가약을 맺었지요. 오십여 년을 함께 하면서 참 많은 일이 일어났습니다. 소설을 쓰고도 남을 만큼.

낯선 가문, 칠남매 장남의 아내 자리에 들어와 부부로 하나가 된다는 것은 그리도 힘든 일이었어요. 약한 나 자신을 탓하며 후회도 했습니다. 왜 그랬을까? 좀 더 내 어려움을 피력할 것을, 왜 그랬을까? 내가 무엇을 그렇게 잘못했다고. 다른 가문에 들어간다는 것이 그리도 어려운 일이었던가? 결국 깨달은 것은 '양보하자. 내가 먼저 변하자.' 였습니다.

| 문학사랑 신인작품상 |

당선소감

　문학 전문지 『문학사랑』 2019년 가을호 111회 신인 작품상에 시 5편이 당선되었다는 통보를 받고 한동안 설레었습니다.

　허술하기 그지없는 글을 예쁘게 읽어주심에 감사드립니다. 평소에 특별한 일이 있을 때 일기를 쓴 것이 밑바탕이 된 것 같습니다.

　박봉주 시조시인께서 '천개의 바람이 되신 당신'이라는 나의 남편을 향한 추모글을 읽고 추천하셨습니다. 내 나이 산수를 넘어서 시인이 되다니 하늘의 별을 딴 기분입니다.

　성당의 대녀(영적인 딸) 안나씨가 대부님께서 큰 선물을 남기고 떠나셨다며 축하했습니다. 용기를 준 자녀들, 주변 분들에게 깊이 감사드립니다.

2019년 9월 1일　이 성 남

그리움의 크기
이성남 시집

발 행 일 | 2020년 09월 25일
지 은 이 | 이성남
발 행 인 | 李憲錫
발 행 처 | 오늘의문학사
출판등록 | 제55호(1993년 6월 23일)
주   소 | 대전광역시 동구 대전로867번길 52(삼성동 한밭오피스텔 401호)
전화번호 | (042)624-2980
팩시밀리 | (042)628-2983
카   페 | http://cafe.daum.net/gljang (문학사랑 글짱들)
전자우편 | hs2980@daum.net

공 급 처 | 한국출판협동조합
주문전화 | (02)716-5616
팩시밀리 | (02)716-2999

ISBN 979-11-6493-077-7
값 15,000원

ⓒ이성남 2020

* 이 책은 ㈜교보문고에서 E-Book(전자책)으로 제작·판매합니다.
* 잘못 제작된 책은 바꾸어 드립니다.
* 이 도서의 국립중앙도서관 출판예정도서목록(CIP)은 서지정보유통지원시스템
  홈페이지(http://seoji.nl.go.kr)와 국가자료종합목록 구축시스템
  (http://kolis-net.nl.go.kr)에서 이용하실 수 있습니다.(CIP제어번호 : CIP2020038625)

문학사랑 시인선

005	조남익	기다린 사람들이 온다
006	정진석	아름답고 향기로운 사람꽃
007	양태의	혼자 우는 뒷북
008	리헌석	섬버위
009	이순조	하늘 닮은 사랑
010	김명배	몸 밖에 마음 두고
011	김기양	김기양의 허수아비
012	경홍수	솔바람의 향기
013	이완순	세상 위에 나를 그리다
014	오희용	이야기 나무
015	곽우희	여전히 푸르고
016	조근호	바람의 동행
017	김영우	길 따라 물길을 따라
018	조남익	광야의 씨앗
019	지봉성	고도
020	이근풍	아침에 창을 열면
021	나이현	들국화 향기 속에
022	이영옥	길눈
023	전성희	당신의 귀가 닫힌다
024	김기원	행복 모자이크
025	김영수	소쩍새 한 마리
026	고덕상	고요한 기다림
027	권상기	초록빛 그리움
028	김주현	분명한 모순
029	김해림	멈추지 않는 발걸음으로
030	김영우	갈맷길을 걸으며
031	이완순	海印을 찾다
032	엄기창	춤바위
033	장덕천	싸구려와 친구하다
034	조남익	흙빛의 말
035	김명배	달팽이 외나무다리 건너기
036	김화자	꽃잎 편지
037	조문자	매화 앞에서
038	정주탁	무지갯빛 추억
039	전성희	푸른 밤으로의 잠